Manfred Mai

Geschichten vom Liebhaben, Streiten und Vertragen

Mit Bildern von Marion Elitez

Sauerländer

Manfred Mai
zählt zu den erfolgreichsten deutschen Kinder- und Jugendbuchautoren. Er wuchs auf einem Bauernhof auf - und war als Kind keine Leseratte. Nach der Schule machte er eine Malerlehre und wurde später Lehrer und Schriftsteller. Inzwischen hat er etwa 150 Bücher geschrieben, die in 25 Sprachen übersetzt und zum Teil ausgezeichnet wurden. Manfred Mai lebt mit seiner Familie auf der Schwäbischen Alb.

Marion Elitez
wurde 1977 in Mönchengladbach geboren. Sie studierte Grafik-Design mit dem Schwerpunkt Illustration in Krefeld, Paris und Münster. Schon während des Studiums wurden die ersten von ihr illustrierten Bücher veröffentlicht. Mittlerweile lebt sie wieder in ihrer Heimatstadt und arbeitet erfolgreich als freie Illustratorin in einer Ateliergemeinschaft. Am liebsten zeichnet sie schräge Hexen, Räuber und freche Piraten.

Inhalt

Schön weich **5**
Tut mir leid **8**
Herzlich willkommen! **11**
Eine Eins im Streiten **14**
Vielleicht **17**
Höchste Zeit **21**
Gute Freunde **25**
Versprochen **28**
Zwölf leere Stühle **31**
Der Käfig ist leer **36**
Richtig und falsch **39**
Kein Nichts **43**
Sehr wichtig **46**
Fest im Griff **49**
Ein mulmiges Gefühl **52**
Ein richtiges Fahrrad **55**
Im Freibad **58**
Maximilian denkt nach **61**
Ich war's nicht! **64**
Wichtige Fragen **68**
Ein Versuch **72**
Das Allerwichtigste **76**

Schön weich

Auf dem Spielplatz in der Weststadt ist noch alles ruhig. Nur eine Katze schleicht am Sandkasten entlang. Plötzlich hebt sie den Kopf und lauscht. Schritte kommen näher. Die Katze duckt sich. Jakob kommt um die Ecke, sieht die Katze und bleibt stehen. Einen Augenblick lang schauen sich die beiden an. Dann sagt Jakob leise: „Du brauchst keine Angst zu haben. Ich tu dir nichts."

Er geht langsam auf die Katze zu. „Miau", macht sie und streicht um Jakobs Beine. Jakob bückt sich und fährt noch etwas unsicher über ihren Rücken. Die Katze schmiegt sich an ihn. Da hebt er sie vorsichtig hoch, setzt sich mit ihr auf eine Bank und streichelt sie.

„Du bist schön weich."

Die Katze schnurrt zufrieden.

Mia und Leonie, Paul und Timo kommen angelaufen.

„He, was machst du denn da?", ruft Timo.

„Psst, nicht so laut", sagt Jakob.

„Guckt mal, der sitzt da und streichelt eine Katze!", spottet Paul.

„Na und?", fragt Mia. „Ich hab auch eine Katze."

„Du bist ja auch ein Mädchen", sagt Paul.

Mias Augen werden kleiner. „Und du bist doof!"

Paul tänzelt wie ein Boxer vor Mia herum. „Ich bin stärker als du."

„Ist mir doch egal." Mia zuckt mit den Achseln und setzt sich neben Jakob. „Darf ich sie auch mal streicheln?"

Jakob nickt.

„Guckt mal, Jakob und Mia sind verliebt!" Paul lacht. „Passt auf, gleich küssen sie sich!"

„Iiiii!", macht Timo. „Pfui Teufel!"

„Bäh!" Mia streckt die Zunge raus.

„Werd bloß nicht frech!", droht Timo und fuchtelt mit den Fäusten vor Mias Nase herum.

„Ihr wollt immer boxen und schlagen", sagt Mia. „Jakob macht das doch auch nicht."

Paul und Timo lachen. „Der ist ja auch ein Angsthase und kein richtiger Junge!"

„Jakob ist viel netter als ihr", sagt Leonie.

„Dann heiratet euch doch alle drei!", ruft Timo.

Leonie tippt sich an die Stirn. „Blödmann!"

„Haut doch ab, wenn ihr bloß streiten wollt", sagt Jakob.

„Halt du die Klappe, sonst …" Paul hebt drohend die Fäuste.

„Dann gehen wir eben." Jakob setzt die Katze auf den Boden.

„Warum sollen wir gehen?", fragt Mia. „Wir tun denen ja nichts. Sollen die doch verschwinden!"

„Wir bleiben hier!", ruft Timo.

Jakob steht auf. „Warum sollen wir nicht gehen, wenn's uns hier nicht mehr gefällt?"

„Weil die sich dann freuen", antwortet Mia.

„Sollen sie doch", sagt Jakob. „Jedenfalls können sie uns nicht mehr ärgern, wenn wir weg sind."

Tut mir leid

Papa findet seinen besten Kugelschreiber nicht. Obwohl Sarah und Tobias zusammen am Tisch sitzen, verdächtigt er zuerst einmal Sarah.
„Ich hab ihn nicht genommen", sagt Sarah.
„Du verlegst doch immer alles", behauptet Papa. „Letzte Woche war es meine Schere, gestern war es mein Kleber und heute ist es mein Kugelschreiber."
„Aber diesmal war ich es ganz bestimmt nicht", beteuert Sarah. „Ehrenwort."
„Das sagst du jedes Mal", brummt Papa.
Jetzt wird Sarah wütend. „Warum fragst du mich überhaupt noch, wenn du eh schon weißt, dass ich es war?"
„Schluss jetzt!", sagt Papa. „Erst meinen besten Kugelschreiber verschlampen und dann auch noch unverschämt werden. Das ist der Gipfel!"
Sarah würde Papa am liebsten ins Gesicht schreien, wie gemein er ist. Aber das traut sie sich nicht. Stattdessen läuft sie heulend in ihr Zimmer.

Als sie im Bett liegt, schwirren viele Gedanken durch ihren Kopf: Papa mag mich gar nicht mehr. Immer schimpft er mit mir, auch wenn ich nichts getan habe. Immer bin ich schuld, nie Tobias. Papa hat ihn bestimmt lieber als mich. Ich glaube, Papa wollte mich gar nicht haben. Am liebsten möchte ich überhaupt nicht mehr da sein.

Sarah drückt ihren Schmusebär fest an sich und flüstert ihm ins Ohr: „Wir zwei gehen fort von hier. Wenn Papa dann von der Arbeit nach Hause kommt, wird er fragen: ‚Wo ist denn Sarah?' Mama wird weinen und sagen: ‚Sie ist fortgegangen.' Dann wird Papa bestimmt auch traurig sein und weinen. Aber das geschieht ihm ganz recht, weil er immer so gemein zu mir ist."

Sarahs Tränen werden langsam weniger. Aber in der Brust bohrt es weiter: Papa glaubt mir nicht. Er hat mir gar nicht zugehört. Warum macht er das?

Plötzlich geht die Tür auf und Papa kommt herein. Er setzt sich auf Sarahs Bett. Sarah dreht den Kopf zur Wand.

„Ich habe den Kugelschreiber in meinem Schreibtisch gefunden", gesteht Papa leise. „Tut mir leid, dass ich dich vorhin beschuldigt und geschimpft habe." Er streicht Sarah übers Haar. „Aber du musst zugeben, dass du meine Sachen schon öfter verschlampt hast."

Sarah reagiert nicht. Sie ist immer noch traurig. Ob Papa merkt, wie sehr er ihr wehgetan hat?
„Es ist erst kurz nach sieben", sagt Papa. „Komm doch noch ein Weilchen mit ins Wohnzimmer. Dann spielen wir etwas zusammen. Alle vier."
Sarah weiß nicht recht, was sie tun soll. Im Bett bleiben oder mit Papa ins Wohnzimmer gehen? Sie kann sich nicht gleich entscheiden.

Herzlich willkommen!

Familie Guttow ist umgezogen. Der Vater war lange arbeitslos und hat jetzt endlich eine neue Stelle gefunden. Leider in einer anderen Stadt. Deswegen muss Sophie die Schule wechseln. Das findet sie ganz schlimm, denn ihr hat es in der alten Schule prima gefallen. Dort hat sie alle gekannt, dort sind auch ihre Freundinnen.

Auf dem Weg zur neuen Schule heult Sophie. „Ich will nicht! Ich will wieder zurück in meine alte Schule."

„Ich versteh dich gut", sagt der Vater. „Ich wäre auch lieber an meinem alten Arbeitsplatz. Aber das geht nun mal nicht." Der Vater drückt Sophies Hand. „Uns wird es hier bestimmt gefallen, dir in der neuen Schule und mir an meinem Arbeitsplatz. Da bin ich ganz sicher."

„Nein!"

Der Vater sagt nichts mehr, Sophie auch nicht. Schweigend erreichen sie den Schulhof und Sophie geht immer langsamer. Vor der großen Eingangstür bleibt sie stehen.

„Na komm", sagt der Vater. „Zusammen schaffen wir's." Er öffnet die Tür und zieht Sophie sanft mit sich.

Sophie schaut sich um – und sie schnuppert. Es riecht genau wie in ihrer alten Schule. Als sie die Treppe hochgehen, fragt Sophie: „Warum müssen wir denn zuerst zum Rektor?"

„Weil er der Chef der Schule ist", antwortet der Vater. „Er muss darauf achten, dass hier alles in Ordnung ist. Und bei ihm müssen die Kinder angemeldet werden, die neu in diese Schule kommen."

„Wie angemeldet?"

„Der Rektor muss die Namen der Kinder und ihrer Eltern aufschreiben und …" Der Vater stockt. „Du wirst gleich sehen, wie das geht. Hier ist das Rektorat."

„Oje", sagt Sophie.

Der Vater nickt ihr aufmunternd zu, dann klopft er an und sie gehen hinein.

Das Zimmer sieht aus wie ein Büro. Der Rektor sitzt an einem Schreibtisch. An der Wand hinter ihm hängen ein paar Kinderzeichnungen. Die gefallen Sophie.

„Guten Tag, mein Name ist Guttow", sagt der Vater.

„Dann bist du die Sophie." Der Rektor kommt hinter

seinem Schreibtisch hervor. Er gibt ihr und dem Vater die Hand. „Ich habe schon alles vorbereitet."
Sie setzen sich. Der Rektor lächelt freundlich und schreibt die Namen von Sophie und ihren Eltern auf. Und ihre Anschrift. Auch wann Sophie geboren ist und welche Schule sie bisher besuchte, will er wissen.
„Das ist deine Karteikarte, da steht alles drauf, was für die Schule wichtig ist", erklärt der Rektor. Er zeigt Sophie die Karte. „Was steht hier?"
„Klasse 2b", liest Sophie.
„Das ist unsere netteste Klasse", sagt der Rektor. „Die habe ich extra für dich ausgesucht, weil ich weiß, dass es nicht einfach ist, wenn man neu in eine Schule kommt. Und Frau Baier ist deine Klassenlehrerin." Er zwinkert Sophie zu. „Die ist auch ganz besonders nett. Das wirst du bald merken."
Sophie nickt. Der Vater verabschiedet sich und Sophie geht mit dem Rektor in die neue Klasse.
Die Kinder singen für Sophie ein Begrüßungslied. Dann steht ein Junge auf, geht zu Sophie und gibt ihr die Hand.
„Herzlich willkommen in der Klasse 2b", sagt er. „Wir hoffen, dass es dir bei uns gefällt und dass wir gute Freunde werden."
Sophie wird ein wenig verlegen, denn so eine Begrüßung hat sie nicht erwartet.

Eine Eins im Streiten

Zu Beginn der Deutschstunde schreibt Frau Krüger das Thema an die Tafel: Streitgespräch.

„Im Streiten bin ich gut", ruft Jan sofort. „Da kriege ich eine Eins!"

„Na, dann komm doch mal nach vorn und zeig uns, wie gut du streiten kannst", sagt Frau Krüger.

Sie weiß, dass Jan Bayern-München-Fan ist. Also ruft sie noch den Werder-Bremen-Fan Axel nach vorn. Die beiden sollen ein Streitgespräch über ihre Lieblingsvereine führen.

„Bayern München ist die beste Mannschaft in Deutschland", behauptet Jan.

„Quatsch, Werder Bremen ist viel besser."

„Du hast doch keine Ahnung vom Fußball!"

„Mehr als du!", gibt Axel zurück.

„Pah!" Jan winkt ab. „Bayern ist schon zehnmal deutscher Meister gewesen."

„Und Werder schon zwanzigmal."

Jan tippt sich an die Stirn. „Du spinnst!"

„Werd bloß nicht frech, sonst …" Axel zeigt Jan eine Faust.

„Vor dir habe ich keine Angst", entgegnet Jan und nimmt beide Fäuste hoch.

„Stopp!", ruft Frau Krüger dazwischen.

„Die haben ja nur gestritten", sagt Tobias.

„Das sollten wir doch auch", meint Jan.

„Aber nicht so", sagt Frau Krüger. „Ihr habt ja gar nicht über die Vereine geredet, sondern euch nur gegenseitig beschimpft."

„So streitet man eben", meint Axel.

„Mal sehen", sagt Frau Krüger nur.

Als Nächstes kommen Lisa und Tom nach vorn. Sie sollen über Vampirgeschichten streiten.

„Ich finde Vampirgeschichten nicht gut", beginnt Lisa, „weil die einem Angst machen."

„Mir machen sie keine Angst", entgegnet Tom. „Ich mag es, wenn ich mich ein bisschen grusele. Das ist so schön spannend."

„Ja, schon", gibt Lisa zu. „Aber ich habe zu Hause auch spannende Bücher ohne Vampire."

„Ich finde Bücher ohne Vampire und Monster nicht so spannend."

„Aber Vampire gibt's ja gar nicht", sagt Lisa.

„Na und?", fragt Tom. „Zwerge und Riesen, Zauberer und Hexen gibt es doch auch nicht. Und trotzdem kommen sie in vielen Büchern vor. Und du hast bestimmt schon solche Geschichten gelesen und findest sie spannend."

„Ja, aber ich mag Vampirgeschichten trotzdem nicht."

„Du musst ja auch keine lesen", sagt Tom.

„Mach' ich auch nicht."

„Die reden ja nur!", ruft Jan. „Die streiten doch überhaupt nicht."

„Das war sogar ein sehr gutes Streitgespräch", sagt Frau Krüger. „Lisa und Tom sind völlig verschiedener Meinung und haben das einander auch deutlich gesagt. Aber sie haben sich nicht beschimpft, obwohl beide bei ihrer Meinung geblieben sind."

„Und das soll ein Streit sein?", fragt Axel verwundert.

Frau Krüger nickt. „Wenn jemand nicht meiner Meinung ist, gibt es keinen Grund, ihn deswegen zu beschimpfen, zu beleidigen oder ihm gar zu drohen, wie ihr beide das vorhin getan habt. Wo viele Menschen zusammenleben, gibt es viele Meinungen. Das ist ganz normal. Natürlich kann man darüber streiten, welches die richtige Meinung ist, und jeder kann versuchen, andere von seiner Meinung zu überzeugen. Aber wenn man das nicht schafft, muss man eben mit unterschiedlichen Meinungen miteinander leben lernen."

Vielleicht

Johanna spielt mit ihrem kleinen Bruder Daniel im Kinderzimmer. Sie bauen mit den Bauklötzen einen hohen Turm. Daniel will ihn umstoßen, aber Johanna hält ihren Bruder fest. „Warte, wir bauen ihn noch ein Stück höher."

Sie legen noch mehr Bauklötze oben drauf. Bis der Turm sich langsam zur Seite neigt.

„Jetzt!", ruft Daniel.

Beide halten den Atem an. Und als der Turm polternd einstürzt, kreischt Daniel vor Vergnügen.

„Noch mal", sagt er.

Sie fangen wieder an zu bauen.

Plötzlich sagt Johanna: „Sei mal still, Daniel."

Die beiden sehen sich an und lauschen. Sie hören Mama und Papa reden. Ziemlich laut.

„Die streiten", sagt Daniel. „Dann ist Mama nachher wieder traurig."

„Pssst!", macht Johanna.

Sie öffnet die Tür ein wenig, weil sie verstehen möchte, worüber ihre Eltern streiten. Daniel drückt die Tür zu. „Das will ich nicht hören!"

„Aber ich", sagt Johanna und zieht die Tür wieder auf. Da hält sich Daniel die Ohren zu und fängt an zu singen. „Hänschen klein ging allein in die weite Welt hinein …"

Johanna boxt ihn in die Seite. „Sei still!"

Daniel ist nicht still. Im Gegenteil, er singt noch lauter: „… Stock und Hut steht ihm gut, ist gar wohlgemut …"

Johanna lässt ihren Bruder singen und schleicht hinaus auf den Flur zur Treppe. Da sieht sie gerade noch, wie Papa zur Wohnungstür geht und sie hinter sich zuknallt. Johanna zuckt zusammen. Sie steht wie angewurzelt an der Treppe. Bis Daniel sie anstupst und fragt: „Streiten sie nicht mehr?"

„Papa ist weggegangen", murmelt Johanna.

„Wohin?"

„Weiß ich doch nicht."

„Und Mama?"

Johanna antwortet nicht. Sie möchte zu Mama, traut sich aber nicht. Bestimmt weint Mama jetzt und das tut Johanna tief drinnen weh. Es tut so weh, dass sie auch weinen muss.

Daniel geht an seiner Schwester vorbei in Richtung Wohnzimmer und schiebt die Tür einen Spalt weit

auf. „Mama weint", flüstert er. Dann macht er die Tür ganz auf, läuft zu Mama und kuschelt sich an sie. Mama wischt die Tränen weg und legt einen Arm um Daniel. Da kommt auch Johanna angelaufen und drückt sich von der anderen Seite an Mama. Mama streichelt ihr liebevoll über den Kopf. Lange bleiben sie so aneinandergekuschelt und sagen kein Wort.
„Warum bist du traurig, Mama?", fragt Daniel dann.
„Hat Papa uns nicht mehr lieb?"
Mama drückt ihre Kinder fester an sich. „Wie kommst du denn darauf? Natürlich hat Papa euch lieb."
„Warum hast du dann geweint?", fragt Johanna.
„Weil Papa mich manchmal nicht versteht und einfach geht, wenn's Probleme gibt", antwortet Mama.
„Was für Probleme?", fragt Johanna.
„Papa möchte im Urlaub eine Reise nach Afrika machen. Ich habe ihm gesagt, dass ihr dafür noch zu klein seid. Das will er nicht kapieren, das ist alles."
Johanna spürt, dass da noch etwas anderes ist. Wegen der Reise nach Afrika hätte Mama nicht so geweint. Hat Papa Mama wehgetan? Vielleicht hat Papa Mama nicht mehr lieb. Vielleicht kommt er gar nicht mehr zurück.

In Johannas Kopf wirbeln die Gedanken durcheinander. Sie möchte Mama helfen, weiß jedoch nicht, wie. Als Papa wieder nach Hause kommt, liegen Daniel

und Johanna schon lange im Bett. Daniel schläft, aber Johanna ist noch wach. Sie muss die ganze Zeit an Mama und Papa denken.
Plötzlich hört Johanna ihre Eltern unten reden. Wenigstens ist er wieder da, denkt sie erleichtert. Und streiten tun sie auch nicht. Vielleicht haben sie sich doch noch lieb. Mit diesem Gedanken schläft sie ein.

Höchste Zeit

Frau Steiner kommt mit einem Stapel Hefte unter dem Arm ins Klassenzimmer.
„Die Diktate", sagt Janina und hält die Luft an.
Frau Steiner legt die Hefte auf den Lehrertisch und wartet, bis alle Kinder sitzen.
„Hoffentlich habe ich diesmal eine gute Note", flüstert Mareike ihrer Freundin Janina zu. Beide warten gespannt auf ihre Hefte. Wie immer fängt Frau Steiner mit den besten Diktaten an. Und wie immer bekommt Laura ihr Diktat als erste.
„Du hast als einzige null Fehler", lobt Frau Steiner Laura. „Das ist eine tolle Leistung!"
Laura freut sich.
Mareike und Janina bekommen ihre Hefte kurz nacheinander. Mareike hat eine Drei, Janina eine Vier. Beide sind enttäuscht.
„Dabei hab ich diesmal so viel geübt", murmelt Mareike.

Nach der Deutschstunde ist große Pause. Ein paar Kinder stehen zusammen und schimpfen über Laura.
„Die lassen wir nicht mehr mitspielen", schlägt Janina vor.
„Soll sie doch mit Frau Steiner spielen", sagt Anne. „Sie ist ja sowieso ihr Liebling."
„Genau", stimmen die anderen zu.
„Wisst ihr was?", sagt Mareike. „Wir reden einfach nicht mehr mit Laura. Wir tun so, als wäre sie gar nicht da."
Alle sind einverstanden.
Als die Pause zu Ende ist, geht Laura neben Janina ins Klassenzimmer. „Was hast du denn im Diktat?", fragt sie.
Janina antwortet nicht und guckt weg. Laura bleibt stehen und schaut Janina erstaunt hinterher. Da wird sie plötzlich von einem Jungen angerempelt, dass sie beinahe hinfällt. Sie kann sich gerade noch an Mareike festhalten. Die macht ein paar schnelle Schritte und ist weg.
In der Klasse setzt sich Laura sofort auf ihren Platz. Maria, die mit ihr die Schulbank teilt, steht noch bei ein paar Mädchen. Sie setzt sich erst, als Frau Steiner kommt. Aber sie sagt kein Wort und schaut stur nach vorn.
Frau Steiner wartet, bis alle ruhig sind. Dann sagt sie:

„Ihr könnt jetzt an dem Bild weitermalen, das ihr letzte Woche angefangen habt."
Die Kinder holen ihre Zeichenblöcke und Malsachen heraus und fangen an zu malen.
Mitten in der Stunde lehnt sich Laura zu Maria hinüber und flüstert: „Mein Grün ist leer. Kann ich deins haben?"
Maria malt einfach weiter.
„Hast du nicht gehört?", fragt Laura.
Maria reagiert nicht.
Laura ist den Tränen nahe. Sie dreht sich nach hinten und fragt Anne: „Kann ich von dir mal das Grün haben?"
Anne tut so, als habe sie nichts gehört und sagt zu Hatice: „Heute Nachmittag spielen wir bei Janina. Kommst du auch?"
Hatice nickt.
So geht das drei Tage lang. Bis es Laura eines Morgens zu viel wird. Nach der großen Pause stellt sie sich einer Mädchengruppe in den Weg. „Warum redet ihr nicht mehr mit mir? Was habe ich euch denn getan?"
Die Mädchen wollen an Laura vorbei. Aber die lässt nicht mehr locker.
„Ihr sollt mir endlich sagen, was los ist!"
Die Mädchen antworten nicht, drehen sich um und gehen weg.

Da fällt Laura von hinten über Janina her, schlägt, kratzt und tritt so wild, dass Janina nur noch die Arme über den Kopf halten kann.

„He, spinnst du!", ruft Mareike und will Laura von Janina wegziehen. Da kriegt auch sie ein paar Schläge ab.

In diesem Augenblick kommt Frau Steiner und hält Laura fest. „Aber Laura, was ist denn los mit dir?", fragt sie vorwurfsvoll. „Du kannst doch die anderen nicht einfach schlagen."

Laura fängt an zu weinen.

Frau Steiner möchte wissen, was passiert ist. Aber niemand sagt etwas.

„So geht das schon seit drei Tagen", sprudelt es plötzlich aus Laura heraus. „Sie reden kein Wort mehr mit mir und tun so, als ob ich gar nicht da wäre. Und ich weiß nicht, was ich ihnen getan habe. Das ist einfach nicht zum Aushalten."

Frau Steiner schüttelt den Kopf. Langsam wird ihr einiges klar. „Ich glaube, es ist höchste Zeit, dass wir in Ruhe miteinander reden. Kommt mal alle mit in die Klasse!"

Gute Freunde

Im Innenhof des Wohnblocks spielen ein paar Kinder Himmel und Hölle. Da kommt Paul angelaufen. „Darf ich mitspielen?", fragt er.
„Wenn wir wieder neu anfangen, kannst du mitmachen", antwortet Felix.
Paul stellt sich zu den Kindern und summt ein Lied vor sich hin. Tina guckt ihn von der Seite an und fragt: „Was ist denn mit dir los? Warum bist du denn so fröhlich? Gestern warst du doch noch ganz traurig."
„Gestern war auch ein blöder Tag", antwortet Paul. „Papa hat beim Bügeln nicht aufgepasst und ein Loch in meine Lieblingsjeans gebügelt. Dann musste ich so eine doofe Hose anziehen, die ich überhaupt nicht mag. In der Schule hat mich unser Sportlehrer ausgelacht, weil ich kein richtiges Rad schlagen konnte. Die ganze Stunde musste ich Radschlagen üben und durfte beim Fußballspielen nicht mitmachen."
„Das ist ja doof", meint Felix. „Es muss doch nicht jeder Räder schlagen können."

„Ein richtiger Junge kann das, hat unser Sportlehrer gesagt."

„Dann bin ich auch kein richtger Junge", gesteht Flori. „Ich kann nämlich auch kein Rad schlagen."

„Aber ich", sagt Leonie. Sie nimmt kurz Anlauf, springt von den Füßen auf die Hände und schlägt ein Rad nach dem andern. „Dann bin ich wohl ein richtiger Junge, was?"

Die Kinder lachen.

„Und wegen der kaputten Jeans und deinem doofen Sportlehrer warst du gestern so traurig?", fragt Tina.

„Auch", antwortet Paul. „Aber das war ja noch nicht alles. Am Wochenende wollten wir meine Großeltern besuchen. Darauf habe ich mich schon lange gefreut. Und gestern hat Oma angerufen und gesagt, dass Opa krank geworden ist."

„Schlimm?", fragt Tina.

Paul schüttelt den Kopf. „Nur eine Grippe. Aber er liegt im Bett und will keinen Besuch."

„Dann könnt ihr vielleicht schon nächste Woche zu ihm fahren", meint Tina.

Paul nickt. „Das hat meine Mama auch gesagt. Und mein Papa kauft mir heute noch eine neue Jeans. Genau die gleiche wie meine Lieblingsjeans."

„Und ich zeige dir, wie man ein Rad schlägt", sagt Leonie. „Wenn du willst."

„Mir auch", sagt Flori.

Leonie erklärt und zeigt alles ganz langsam. Sie sagt, worauf man besonders achten muss. Dann geht's los. Pauls Räder sind am Anfang ziemlich wackelig, doch von Mal zu Mal wird es besser. Paul strahlt über das ganze Gesicht.

„Na, siehst du", sagt Leonie. „Kein Grund mehr, traurig zu sein. Und nächstes Mal erzählst du uns gleich, was los ist. Wir sind doch Freunde."

Versprochen

Katharina und Jonas spielen im Kinderzimmer mit den Legobausteinen. Sie bauen an einem großen Haus. Nach einer Weile brummt Jonas: „Ich hab keine Lust mehr."

„Unser Haus ist doch noch gar nicht fertig", protestiert Katharina.

Jonas steht auf. „Ich will aber nicht mehr bauen."

„Du hast versprochen, mit mir ein Haus zu bauen", sagt Katharina und hält ihren Bruder fest.

Jonas reißt sich los. „Ich hab aber keine Lust mehr!"

„Ich will jetzt das Haus bauen!"

„Dann bau doch!" Jonas geht zur Tür.

„Du bist gemein und ganz, ganz blöd!", ruft Katharina und schmeißt einen Legostein nach ihrem Bruder. „Was man versprochen hat, muss man auch halten."

„Was man versprochen hat, muss man auch halten", äfft Jonas seine Schwester nach und verschwindet.

Voller Wut wirft Katharina einen Legostein gegen die Tür. Dann springt sie auf und läuft ins Wohnzimmer.

„Jonas ist ganz gemein", sagt sie zu Mama. „Er hat versprochen, mit mir ein Haus zu bauen, und jetzt tut er es nicht."

Mama schaut hinter der Zeitung hervor. „So, so. Und was soll ich jetzt tun?"

„Du sollst ihm sagen, dass er mit mir das Haus bauen muss", antwortet Katharina.

Mama legt die Zeitung auf den Tisch und ruft Jonas.

„Was ist denn?", fragt er.

„Warum spielst du nicht mehr mit Katharina?"

„Weil ich keine Lust mehr habe", antwortet Jonas. „Mit Lego bauen ist doch was für Babys."

„Gar nicht wahr!", widerspricht Katharina.

„Pah!", macht Jonas nur.

„Du hast doch immer gern mit Lego gespielt", meint Mama.

„Klar", gibt Jonas zu. „Als ich noch jünger war …"

„Und jetzt bist du wohl schon erwachsen, was!", stichelt Katharina.

„Halt doch du die Klappe!", zischt Jonas.

„Tu ich nicht!", ruft Katharina. „Was man versprochen hat …"

Jetzt reicht es Jonas. „Dir habe ich gar nichts versprochen, dass das klar ist! Ich habe nur zu Mama gesagt, dass ich mit dir spiele, damit sie eine Weile ihre Ruhe hat. Und das habe ich getan."

Ein paar Augenblicke lang ist es still im Zimmer. Die drei sehen sich abwechselnd an.

„Weißt du", sagt Mama dann zu Katharina, „ich finde es schön, dass Jonas so oft mit dir spielt. Aber ich verstehe auch, dass er nicht immer Lust dazu hat und lieber etwas anderes tun möchte. Immerhin ist er drei Jahre älter als du."

„Er kann ja etwas anderes tun, wenn wir unser Haus fertig gebaut haben", murmelt Katharina. „Aber das Dach schaffe ich nicht allein. Wenn er mir nicht hilft, stürzt es immer wieder ein."

„Wir können ja morgen weiterbauen", schlägt Jonas vor.

Man sieht Katharina deutlich an, dass sie damit nicht einverstanden ist. Sie setzt sich auf einen Sessel und schmollt.

„Wie lange dauert es denn, bis das Dach fertig ist?", fragt Mama.

„Wenn er mir hilft, geht es ganz schnell", sagt Katharina sofort.

Mama schaut Jonas an.

„Also gut", brummt er. „Aber dann spiele ich morgen keine Minute mit ihr. Dass das klar ist!"

Zwölf leere Stühle

Als die Kinder der dritten Klasse nach der großen Pause ins Klassenzimmer kommen, steht an der Tafel: *Ausländer raus.*
Pablo will es wegwischen, da kommt die Lehrerin, Frau Kimmig, herein und sagt: „Lass das bitte stehen."
„Das hat bestimmt der Kai geschrieben!", ruft Hanne. „Der sagt immer so schlimme Sachen über die Ausländer."
„Warum sollen denn die Ausländer raus aus Deutschland?", fragt Frau Kimmig.
Nur zögernd gehen zwei, drei Hände hoch.
„Mein Papa sagt, die nehmen uns die Arbeit weg …"
„Und die Wohnungen", unterbricht Leon seinen Freund Axel. „Dann müssen wir bald in Baracken wohnen und die Ausländer wohnen in unseren Wohnungen, weil unsere Eltern die Miete nicht mehr bezahlen können, wenn sie arbeitslos sind."
„Warum kommen die denn überhaupt alle zu uns?", möchte Sophia wissen.

„Das ist eine wichtige Frage", sagt Frau Kimmig. „Warum verlassen so viele Menschen ihre Heimat und kommen zu uns?"

Lena versucht eine Antwort: „Ich glaube, weil ihre Länder ganz arm sind und die Menschen nicht genug zu essen haben."

„Oder weil dort Krieg ist", ergänzt Asad. „Dann müssen viele Leute fliehen."

„Lena und Asad haben zwei wichtige Gründe genannt, warum Menschen aus anderen Ländern zu uns kommen", meint Frau Kimmig. „Aber es gibt auch noch andere Gründe. Ich will euch mal erzählen, wie das alles anfing. Vor ungefähr 50 Jahren fehlten in Deutschland viele Arbeitskräfte. Damals holte man Männer aus Italien, Griechenland, Spanien und Jugoslawien, weil es in ihren Heimatländern nicht genug Arbeit für alle gab. Diese Männer nannte man Gastarbeiter. Zuerst kamen sie allein, arbeiteten hier und fuhren im Urlaub zu ihren Familien nach Hause. Das war für alle kein sehr schönes Leben. Deswegen gingen viele wieder zurück in ihre Heimat. Andere blieben hier und holten ihre Familien nach Deutschland."

„Genau wie mein Großvater!", ruft Stefan dazwischen.

„Richtig", bestätigt Frau Kimmig. „Dein Großvater war einer der ersten Griechen in unserer Gemeinde."

„Mein Papa ist noch in Griechenland geboren", sagt Stefan. „Aber ich nicht, ich bin hier geboren."

„Trotzdem bist du Grieche, also ein Ausländer." Frau Kimmig zeigt zur Tafel. „Du musst raus aus Deutschland."

„Stefan ist doch kein Ausländer", widerspricht Leon. „Der ist doch wie wir."

„Du meinst, er sieht aus wie wir, redet wie wir und lebt auch so wie wir", sagt Frau Kimmig. „Deswegen darf er bleiben, obwohl er Ausländer ist. Wer sind denn dann die Ausländer, die raus sollen?"

Niemand meldet sich.

„Mal sehen, ob wir das noch herausbekommen", meint Frau Kimmig.

Sie erzählt weiter. „Aus Italien, Griechenland, Spanien und Jugoslawien kamen damals nicht genug Gastarbeiter. Deswegen holte man später auch noch viele Männer aus der armen Türkei. Weil sie dort keine Arbeit hatten, waren diese Männer froh, dass sie in Deutschland arbeiten und Geld verdienen konnten. Aber auch für sie war das Leben in einem fremden Land und ohne Familien sehr schwer. So brachten auch viele türkische Männer ihre Familien mit nach Deutschland. Bald lebten über eine Million Türken bei uns. Und sie lebten anders als wir. Frauen und Mädchen trugen lange dunkle Kleider und Kopftücher. Dafür wurden sie oft ausgelacht und gehänselt. Sie aßen kein Schweinefleisch, sondern Hammelfleisch, feierten andere Feste, hatten andere Bräuche und andere Musik als wir. Türken waren von Anfang an nicht gern gesehen. Und als man nicht mehr so viele Arbeiter brauchte, hätten viele Deutsche die Türken am liebsten wieder zurückgeschickt."

„Türken stinken nach Knoblauch", sagt Kai. „Und sie klauen wie die Raben, hat mein Papa gesagt."

Die türkischen Kinder in der Klasse sind empört und wehren sich.

„Kai, komm doch bitte mal nach vorne! Wir machen jetzt einen Versuch."

Frau Kimmig nimmt ihr Halstuch und verbindet Kai die Augen. Dann stellt sie vier türkische Kinder, Pablo aus Peru und fünf deutsche Kinder nebeneinander. Kai muss an ihnen riechen und sagen, wer Türke ist. Er zeigt auf Galip und Lena. „Die andern riechen alle ganz normal."

Frau Kimmig nimmt ihm das Halstuch ab und Kai staunt.

„Anscheinend riechen nicht alle Türken nach Knoblauch", sagt Frau Kimmig. „Aber dafür riechen auch Deutsche danach." Sie haucht Kai an und der weicht zurück. „Ich zum Beispiel, weil ich Knoblauch mag und weil er gesund ist."

Die Kinder lachen.

„Und was das Klauen betrifft, da hast du nicht ganz unrecht. Es gibt Türken, die klauen wie die Raben. Und es gibt Deutsche, die klauen wie die Raben."

„Es gibt überall auf der Welt gute und schlechte Menschen", sagt Stefan. „Bei den Deutschen, bei den Türken, bei den Griechen …"

„Und bei den Peruanern", unterbricht ihn Pablo.

„Richtig", bestätigt Frau Kimmig. „Zum Glück gibt es bei allen mehr gute als schlechte. Aber wenn man zu wenig voneinander weiß, sieht man oft nur das Schlechte. Das ist falsch und gefährlich, wie ihr hier sehen könnt." Sie zeigt zur Tafel.

Dann fordert sie alle ausländischen Kinder auf, das Klassenzimmer zu verlassen. Zwölf von sechsundzwanzig Stühlen sind leer. „So würde es aussehen, wenn wir das tun würden, was an der Tafel steht", sagt Frau Kimmig. „Ich glaube, es ist besser, wir holen die andern schnell wieder herein."

Die Kinder nicken.

„Sonst hätte ich ja keine Freundin mehr", sagt Lena.

„Wer wischt die Tafel sauber?", fragt Frau Kimmig.

„Ich!", rufen die meisten Kinder.

So viele Freiwillige hat es dafür noch nie gegeben.

Der Käfig ist leer

Lisa ist auf dem Weg zu ihrer Freundin Marie. Als Marie die Tür öffnet, hat sie verweinte Augen.
„Maxi ist tot", sagt sie leise.
Lisa schaut ihre Freundin mit großen Augen und offenem Mund an.
„Richtig tot?", fragt sie nach ein paar Schrecksekunden.
Marie nickt.
Im Wohnzimmer sieht Lisa sofort den leeren Meerschweinchenkäfig.
„Wo … wo ist Maxi?", flüstert sie.
„Dort", antwortet Marie und zeigt zum Sessel. Dabei schießen ihr wieder Tränen in die Augen.
Maxi liegt auf einem Sessel und rührt sich nicht. Die beiden Mädchen stehen still davor. Während sie Maxi anschauen, kommt Maries Mutter mit einem Schuhkarton ins Zimmer.
„Stell dir vor, Lisa", sagt sie. „Unser Maxi ist gestorben."

Lisa nickt.

Maries Mutter legt den toten Maxi vorsichtig in den Karton.

Da muss auch Lisa weinen.

„Warte", sagt Marie und läuft in den Garten. Wenig später kommt sie mit ein paar Blumen zurück. Die legt sie neben Maxi in den Karton.

Ihre Mutter nimmt den Deckel und schließt den Karton. Sie schaut die Mädchen an. „Jetzt müssen wir Maxi begraben", sagt sie.

Alle drei gehen in den Garten. Maries Mutter holt einen Spaten aus dem Geräteschuppen und gräbt neben dem Blumenbeet ein kleines Grab. In das Grab stellt sie den Karton.

Marie kniet sich auf den Boden und legt die Erde mit den Händen ganz vorsichtig auf den Karton. Lisa kniet neben ihrer Freundin und hilft ihr dabei. Die beiden türmen die Erde zu einem kleinen Grabhügel auf. Dann pflücken sie Blumen und stecken sie in den Hügel.

Im Schuppen finden sie eine schmale Holzlatte. Die sägen sie auseinander und nageln die zwei Teile zu einem Kreuz zusammen. Mit einem schwarzen Filzstift schreibt Marie noch M a x i drauf. Dann gehen sie zurück und stecken das Kreuz in den Grabhügel.

„Das ist ein schönes Grab", flüstert Lisa.

Marie sagt nichts. Sie setzt sich vor Maxis Grab ins Gras.
Lisa setzt sich dicht neben ihre Freundin. So dicht, dass sie einander spüren.

Richtig und falsch

Maximilians Eltern sind zurzeit auf Geschäftsreise. Deswegen ist er für ein paar Tage mit Opa allein zu Hause.
Heute war Maximilian den ganzen Nachmittag draußen. Erst kurz vor sechs kommt er nach Hause. Opa hat schon den Abendbrottisch gedeckt. Maximilian lässt sich auf das Sofa plumpsen und streckt die Beine weit von sich.
„Gehst du bitte mal schnell in den Keller und holst eine Flasche Apfelsaft?", sagt Opa.
„Ich bin müde", stöhnt Maximilian.
Opa runzelt die Stirn. „Das wirst du ja wohl gerade noch schaffen."
„Wir haben den ganzen Nachmittag Fußball gespielt", mault Maximilian. „Ich kann nicht mehr."
„Maximilian!"
„Immer soll ich gehen, wenn du nicht willst", meckert Maximilian.
Opa guckt Maximilian an. „Sei bloß froh, dass du

nicht schon vor fünfzig, sechzig Jahren ein Kind warst."

„Warum denn das?", will Maximilian wissen.

Opa lacht ein bisschen. „Mein Vater hätte mir ein paar hinter die Ohren gegeben, wenn ich ihm so oft widersprochen hätte wie du mir."

„Aber man darf Kinder nicht schlagen", entgegnet Maximilian empört.

„Richtig", gibt Opa zu. „Aber früher war das anders. Da durften Erwachsene die Kinder schlagen."

„Das war aber nicht richtig", meint Maximilian.

„Früher waren die Leute eben der Meinung, dass es richtig sei, die Kinder streng zu erziehen und wenn nötig auch zu schlagen", erklärt Opa.

„Versteh ich nicht", sagt Maximilian.

Opa denkt kurz nach und erklärt: „Weißt du, Maximilian, es war bei uns nicht immer alles so, wie es heute ist. Vieles von dem, was die Menschen früher für richtig hielten, halten wir heute für falsch.

„Hm", macht Maximilian. „Und warum ist das so?"

Opa lächelt. „Weil die Menschen immer wieder neue Dinge lernen und ganz neue Entdeckungen machen."

„Meinst du, sie lernen auch wieder, die Kinder zu schlagen?", fragt Maximilian.

Opa zieht die Schultern hoch. „Keine Ahnung!"

„Hoffentlich nicht!", ruft Maximilian.

„Das hoffe ich auch", sagt Opa. „Aber eines musst du wissen: Die Erwachsenen haben die Kinder früher nicht aus Spaß geschlagen. Jedenfalls die meisten nicht. Sie waren überzeugt, dass aus Kindern nur anständige Menschen werden konnten, wenn sie streng erzogen wurden. Viele Eltern und Lehrer haben es sicher gut gemeint, wenn sie den Kindern ein paar hinter die Ohren oder auch mal eine Tracht Prügel gaben."

Maximilian staunt. „Durften die Lehrer ihre Schüler auch schlagen?"

Opa nickt. „Ganz früher durften sie. Als ich noch zur Schule ging, war die Prügelstrafe zwar schon verboten, aber manche Lehrer haben ihre Schüler trotzdem noch geschlagen. Sie hatten dafür sogar einen Stock. Mit dem gab es Schläge auf den Hintern und auf die Hand, wenn die Kinder zu spät kamen, die Hausaufgaben nicht gemacht hatten oder nicht aufpassten. Das hat furchtbar wehgetan."

„Hast du auch mal Schläge mit dem Stock bekommen?", möchte Maximilian wissen.

Wieder nickt Opa.

„Warum?"

„Warum?" Opa überlegt. „Das weiß ich nicht mehr. Ich weiß nur noch, dass wir in der vierten Klasse einen sehr strengen alten Lehrer hatten. Bunger hieß er. Der hat uns wegen jeder Kleinigkeit geschlagen."

Maximilian denkt nach. „Und dein Papa?", fragt er dann. „Hat er dir nicht geholfen?"

„Geholfen?" Opa lacht. „Wenn ich meinem Vater von den Schlägen erzählt hätte, hätte ich von ihm auch noch welche bekommen."

„Dann bin ich aber froh, dass ich damals noch nicht auf der Welt war", sagt Maximilian nachdenklich.

„Sag ich doch die ganze Zeit." Opa streicht Butter auf eine Scheibe Brot. „Holst du jetzt bitte eine Flasche Apfelsaft aus dem Keller oder muss ich sie wirklich selbst holen?"

Maximilian steht auf. „Nein, nein, ich geh schon!"

Kein Nichts

Leon ist ein stiller Junge, der einen ganzen Nachmittag allein in seinem Zimmer spielen kann. Als er noch kleiner war, freuten sich seine Eltern, dass er so ruhig war. Heute nennt ihn sein Vater manchmal einen Stubenhocker. Aber das ist Leon nicht. Er spielt oft draußen mit den anderen Kindern, nur ist er eben nicht so laut und wild wie manche. Und er ist kein so toller Sportler wie sein Vater. Der spielt noch immer in der ersten Mannschaft Fußball, obwohl er schon zweiunddreißig ist. Auch im Tennis ist er seit Jahren die Nummer eins in seinem Klub.
„Mit acht Jahren habe ich schon in der Landesauswahl gespielt", sagt er. „Und wo spielst du?"
Leon spielt in der E-Jugend des FC Winterlingen. Aber er wird nur eingesetzt, wenn mindestens drei andere nicht spielen können.
Das kommt allerdings ganz selten vor und Leon ist froh darüber. Er spielt nur Fußball, weil er seinem Vater eine Freude machen möchte. Aber sosehr er sich

im Training auch anstrengt, er wird einfach nicht so gut wie die andern.

„Aus dir wird nie ein Fußballer", sagt der Vater vorwurfsvoll. „Du bist viel zu ängstlich. Vielleicht versuchen wir es lieber mit Tennis. Da ist ja ein Netz zwischen dir und deinen Gegnern. Dann kann dir keiner etwas tun."

Die Sticheleien seines Vaters tun Leon weh. Aber wenn er deswegen weint, lacht sein Vater ihn aus. Und das tut noch mehr weh. Also weint Leon schon lange nicht mehr, wenn sein Vater dabei ist.

Auch auf dem Tennisplatz weint Leon nicht, obwohl ihm oft danach zumute ist. Denn sein Vater meckert die ganze Zeit an ihm herum: „Beweg dich schneller! Halte den Schläger anders! Steh nicht so steif wie ein Stock herum! Du musst den Ball anschauen!"

Leon strengt sich wirklich an und gibt sein Bestes. Aber das genügt seinem Vater nicht.

„Du hast einfach kein Gefühl für den Ball", sagt er. „Es sieht sogar so aus, als hättest du Angst vor dem Ball. Dabei spiele ich dir ja so langsam zu wie einem Baby. Der kleine Tennisball kann dir also bestimmt nichts tun."

Leon spürt, wie die Tränen in ihm wachsen. Er schluckt ein paarmal, beißt auf die Zähne und schafft es wieder, das Weinen zu unterdrücken.

Nach einem Vierteljahr Training gibt der Vater es auf, obwohl Leon wirklich Fortschritte gemacht hat. Das sieht sein Vater zwar auch, aber ihm geht alles viel zu langsam. „Wenn du dich nur in diesem Tempo verbesserst, kannst du vielleicht in zwanzig Jahren einigermaßen Tennis spielen."

„Ich will ja gar nicht Tennis spielen", entgegnet Leon.

„Warum hast du das nicht gleich gesagt?"

„Du hast mich ja nicht gefragt", antwortet Leon.

Der Vater steht am Netz und guckt Leon an. „Soll ich dir sagen, was du willst? Den ganzen Tag zu Hause herumlungern und nichts tun. Aber das werde ich nicht zulassen. Mein Sohn wird kein Stubenhocker, das ist sicher."

„Aber ich werde auch kein Fußballer und kein Tennisspieler, das ist auch sicher!", ruft Leon. „Und kein Handballer und kein Skifahrer und kein Schwimmer und kein Basketballspieler und kein Radfahrer und kein Nichts!"

Leon hat Tränen in den Augen. Doch diesmal schluckt er nicht. Er beißt auch nicht auf die Zähne. Nein, er lässt die Tränen einfach laufen.

„Und heulen tu ich auch, wenn ich will. Dass du es weißt", sagt er noch. Dann dreht er sich um, geht vom Platz und lässt seinen Vater einfach stehen.

Der schaut seinem Sohn ziemlich verdattert hinterher.

Sehr wichtig

Katharina ist den ganzen Vormittag sehr still und ihre Gedanken sind überhaupt nicht beim Unterricht. Als die Lehrerin sie aufruft, erschrickt Katharina richtig. Und sofort kommen ihr die Tränen.

„Was ist denn los, Katharina?", fragt die Lehrerin.

Aber Katharina gibt keine Antwort. Die Lehrerin fragt nicht weiter.

Erst auf dem Heimweg erzählt sie ihrer Freundin Anne, warum sie so traurig ist. „Papi hat heute morgen wieder mit Mami gestritten. Ganz schlimm. Auf einmal hat er geschrien: ‚Dann machen wir am besten Schluss und lassen uns scheiden!'"

Anne weiß nicht recht, was sie tun soll. „Die vertragen sich bestimmt wieder", sagt sie schließlich. „Meine Eltern streiten auch manchmal und hinterher vertragen sie sich wieder."

„Deine vielleicht", sagt Katharina nur.

Sie gehen schweigend nebeneinander her, bis sie vor Katharinas Haus stehen.

„Bis heute Nachmittag", sagt Anne und geht langsam nach Hause.

„Na, wie war's in der Schule?", fragt der Vater beim Mittagessen.

Anne antwortet nicht.

„Ist was?"

„Gell, ihr habt euch noch lieb?", murmelt Anne leise.

Ihre Eltern sehen sich fragend an.

„Ja, natürlich", antwortet die Mutter. „Warum fragst du das?"

Anne türmt die Nudeln in ihrem Teller zu einem kleinen Berg auf. Plötzlich platzt es aus ihr heraus:

„Katharinas Papa hat gesagt, er will sich scheiden lassen. Warum ist er so gemein? Warum mag er ihre Mama denn nicht mehr? Warum streitet er immer mit ihr? Katharina ist ganz traurig und ihr Papa ist an allem schuld."

Nachdem Anne schweigt, ist es eine ganze Weile still im Zimmer.

Der Vater streicht Anne über den Kopf. „Das sind sehr schwierige Fragen, die du da stellst. Auf die weiß ich auch keine Antwort. Aber eines weiß ich: Wenn es Streit gibt, ist nicht immer nur einer schuld."

„Denk doch mal an dich und Sophie", sagt die Mutter. „Ihr wart lange Zeit die besten Freundinnen. Dann habt ihr euch nicht mehr so gut verstanden und öfter gestritten. Schließlich habt ihr euch sogar getrennt. Und wer war daran schuld?"

„Sophie", sagt Anne sofort. „Die will immer bestimmen und …"

„Wirklich nur Sophie?", unterbricht die Mutter. „Sophie sagt wahrscheinlich, du wärst schuld, weil du immer bestimmen willst. Und ich bin sicher, ihr habt beide ein bisschen recht."

„Wie, beide?"

„Na, ihr habt beide ziemliche Dickschädel. Damit knallt man irgendwann mal zusammen. Und wer ist dann schuld?"

„Hm", macht Anne.

„So ähnlich ist es wahrscheinlich auch bei Katharinas Eltern. Die knallen eben auch zusammen."

„Aber einer hat doch mit dem Streit angefangen."

„Du hast recht", antwortet der Vater. „Aber warum hat einer angefangen? Einfach so fängt doch normalerweise niemand Streit mit einem Menschen an, den er gern hat. Oder kannst du dir das vorstellen?"

„Hm, ich weiß auch nicht", sagt Anne.

„Wir alle können nicht verhindern, dass Katharinas Eltern sich streiten", sagt die Mutter. „Aber du solltest besonders nett zu ihr sein, denn eine gute Freundin ist für Katharina jetzt sehr wichtig."

Anne nickt.

Fest im Griff

Ein paar Kinder kicken am Nachmittag mit einem Tennisball auf dem Schulhof. Und wie immer spielt Felix den großen Star. Er dribbelt und schießt, als hätte er keine Mitspieler.
Da kommt Martin auf seinem Skateboard angefahren.
„Darf ich mitspielen?", fragt er.
„Nur wenn du mich mit deinem Skateboard fahren lässt", antwortet Felix.
Martin überlegt – und nickt.
Felix schnappt sich das Skateboard und fährt ein paar Runden. Dann kurvt er zwischen den kickenden Jungen herum.
„He, was soll das?", ruft Martin. „Da drüben hast du doch Platz genug."
„Ich will aber hier fahren", antwortet Felix.
Da wird es Martin zu dumm. „Gib mein Skateboard her!"
„Hol's dir doch!", ruft Felix und fährt davon.
Martin läuft hinter ihm her und gibt Felix einen Stoß.

Felix schwankt und kann nur mit Mühe einen Sturz vermeiden. Martin stoppt sein Skateboard mit dem Fuß und nimmt es unter den Arm.

„He, du spinnst wohl!", schimpft Felix. „Ich hätte mir das Genick brechen können."

„Mir doch egal!"

Felix kommt auf Martin zu.

„Bring doch selber ein Skateboard mit, wenn du fahren willst", sagt Martin.

Die beiden stehen sich gegenüber und werfen einander böse Blicke zu. Die anderen Kinder bilden langsam einen Kreis.

„Zeig's ihm, Felix!", ruft Hannes.

Felix rempelt Martin an. „Gib das Skateboard her!"

Martin weicht zurück und schaut sich um.

„Martin kneift", ruft Hannes. „Feigling!"

„He, Martin, du hast wohl die Hosen voll, was!", ruft ein anderer.

Felix macht einen Schritt auf Martin zu und streckt die Hand aus. Martin bückt sich und stellt sein Skateboard auf den Boden. Dabei lässt er Felix jedoch nicht aus den Augen. Die beiden belauern sich wie zwei Raubkatzen vor dem Angriff.

„Los, Felix, mach ihn nieder!", feuert Hannes seinen Freund an.

„Lass dir nichts gefallen, Martin!", hält Niko dagegen.

Im selben Augenblick stürzt sich Felix auf Martin. Doch der weicht blitzschnell aus und Felix springt ins Leere. Bevor er sich umdrehen kann, packt Martin ihn von hinten, reißt ihn zu Boden und hockt sich auf ihn. Felix zappelt und strampelt wie wild, aber vergeblich. Martin hat ihn fest im Griff.

Hannes sieht, dass Felix keine Chance mehr hat, und will ihm helfen.

Da packen ihn zwei Jungen und zerren ihn weg.

„Lass das!", sagt einer. „Jetzt soll der große Felix mal zeigen, was er kann."

Felix dreht und windet sich wie ein Aal. Doch er schafft es nicht, sich aus Martins Griff zu lösen.

„Gibst du auf?", fragt Martin.

Felix antwortet nicht.

Martin dreht ihm den Arm auf den Rücken.

„Au!", schreit Felix mit schmerzverzerrtem Gesicht.

„Gibst du auf?"

Felix nickt.

Martin lockert langsam den Griff. Er ist sehr vorsichtig, denn er rechnet damit, dass Felix sich noch einmal wehrt. Aber der liegt geschlagen am Boden.

„Das hat er nun davon, dass er immer so angibt", sagt jemand.

Die Jungen kicken weiter, aber diesmal ohne Felix. Der trottet mit Hannes davon.

Ein mulmiges Gefühl

Emma spielt gern Handball. Trotzdem geht sie seit zwei Wochen nicht mehr zum Training. Mama wundert sich und möchte wissen, was los ist.
Zuerst weicht Emma aus. Doch schließlich sagt sie: „Ich glaube, Laura hat etwas gegen mich. Sie spielt immer nur den anderen zu, nie mir."
„Wirklich?", fragt Mama. „Vielleicht bildest du dir das nur ein."
Emma schüttelt den Kopf. „Bestimmt nicht."
„Vielleicht hat Laura auch Angst, dass du besser wirst als sie", meint Mama.
„Bin ich ja schon", murmelt Emma. „Aber deswegen braucht sie mir doch nicht böse zu sein.
„Da hast du recht. Nur können manche Menschen es kaum ertragen, wenn andere besser sind als sie selbst."
„Das ist doch dumm", meint Emma. „Je mehr gute Spielerinnen wir haben, desto besser ist unsere Mannschaft."
Mama nickt. „Das musst du Laura sagen."

Emma schüttelt den Kopf.

„Wenn du einfach nicht mehr zum Training gehst, gehörst du bald nicht mehr zur Mannschaft", sagt Mama. „Und das wäre doch schade, oder?"

Weil Emma nicht aus der Mannschaft fliegen möchte, nimmt sie sich vor, zum nächsten Training zu gehen.

Den ganzen Tag hat sie ein mulmiges Gefühl im Bauch. Und je näher der Trainingsbeginn rückt, desto mulmiger wird ihr. Am liebsten würde sie zu Hause bleiben.

„Du musst nicht gehen", sagt Mama. „Aber dann hast du nächste Woche dasselbe Problem."

Kurz vor fünf schnappt Emma ihr Fahrrad und fährt los. Vor der Turnhalle stehen einige Räder.

Die Mädchen sind schon drin. Das Training hat bereits begonnen. Emma wärmt sich auf und macht dann mit. Nach einigen Übungen sagt der Trainer: „Jetzt machen wir noch ein kleines Spiel!"

Er stellt zwei Mannschaften auf.

Emma und Laura spielen in einer Mannschaft.

Und es wird ziemlich schnell klar, dass Emmas Verdacht stimmt. Laura spielt ihr nicht zu, selbst wenn Emma ganz frei steht. Einmal ruft sogar der Trainer: „Spiel zu Emma, Laura!"

Aber Laura spielt zu Anna, obwohl eine Gegenspielerin neben ihr auf den Ball lauert.

Da läuft Emma zu Laura und hält sie fest. „Warum spielst du eigentlich nie an mich ab?"
„Lass mich los!", sagt Laura nur.
Emma lässt sie los, bleibt aber vor ihr stehen. „Was habe ich dir denn getan?"
Wieder antwortet Laura nicht.
Die anderen Mädchen und der Trainer stehen auf dem Spielfeld und wissen nicht recht, was sie tun sollen.
„Weißt du was", sagt Emma, „ich finde das total bescheuert von dir. Du willst immer nur die Beste sein. Aber allein kannst du nicht gewinnen."
„Das weiß ich selbst!", sagt Laura.
„Von mir aus kannst du die meisten Tore schießen, wenn du es schaffst. Das ist mir egal. Aber du kannst nicht immer an mir vorbeispielen. Das ist mir nicht egal. Ich gehöre nämlich zur Mannschaft. Ist das klar?!"
Emma dreht sich um und lässt Laura stehen. Ein wenig mulmig ist ihr schon, aber sie fühlt sich erleichtert, weil sie Laura endlich die Meinung gesagt hat.

Ein richtiges Fahrrad

Alexander sitzt auf einem Blumentrog im Schulhof. Er sieht ein paar Jungen zu, die mit ihren tollen Rädern über den Schulhof rasen. Sie spielen Fangen, fahren Slalom zwischen den Blumentrögen, machen Wettrennen und probieren verschiedene Kunststücke aus. Daniel aus der dritten Klasse schafft es sogar, ein paar Meter auf dem Hinterrad zu fahren. Das möchte Alexander auch können. Aber er hat ja nicht mal ein richtiges Fahrrad. Mit dem alten Mädchenrad seiner Schwester kann er keine Kunststücke machen. Das hat nur eine gewöhnliche Dreigangschaltung. Um richtig fahren zu können, braucht man mindestens fünfzehn Gänge. Das meint jedenfalls Alexander.

„Los, wir zischen ab!", ruft Daniel plötzlich seinen Freunden zu.

Die Jungen rasen mit Vollgas auf die Treppe zu. Erst im letzten Augenblick bremsen sie ab und fahren die Treppe hinunter. Dabei werden sie ganz schön durchgerüttelt.

Alexander schaut ihnen sehnsüchtig hinterher. Dann trottet er nach Hause.

„Mama, ich möchte ein Fahrrad", sagt er.

„Du hast doch eins", antwortet Mama.

„Aber kein richtiges", murmelt Alexander.

„Du, Alexander, darüber haben wir doch schon mal geredet. So ein Fahrrad, wie du dir eines wünschst, ist noch nichts für dich", meint Mama.

„Aber alle andern haben auch so eins", behauptet Alexander. „Warum kriege ich dann keins?"

Mama schüttelt den Kopf. „Das stimmt nicht. Nicht alle haben so ein teures Rad. Und selbst wenn alle eines hätten, würde ich dir keines kaufen. Jedenfalls jetzt noch nicht."

„Warum nicht?"

„Schau mal, Alexander", antwortet Mama. „Zum Geburtstag hast du einen MP3-Player bekommen und zu Ostern habe ich dir erst den Computer gekauft. Findest du nicht, dass das eine ganze Menge ist?"

„Ja", sagt Alexander zögernd. „Aber das ist doch schon so lange her."

„Das finde ich nicht. Zwei Monate sind keine lange Zeit."

„Und wenn ich mein Geld aus dem Sparschwein dazugebe?", versucht Alexander es noch einmal.

Mama wuschelt ihm durchs Haar. „Das ist lieb von dir,

aber darum geht es mir nicht. Manchmal muss man eben auf etwas warten, auch wenn es einem schwerfällt. Und manche Wünsche gehen überhaupt nicht in Erfüllung."

„Du verstehst mich nicht", sagt Alexander. „Die anderen lachen mich doch aus. Bitte, bitte, Mama, kauf mir das Rad!"

Mama drückt Alexander an sich. „Tut mir leid, Alexander. Auch wenn du mich noch so lieb bittest, du bekommst vorerst kein neues Rad."

Da macht sich Alexander los und läuft in sein Zimmer. Dort wirft er sich aufs Bett und weint. Jetzt bleibt ihm eben nichts anderes übrig, als mit dem Mädchenrad zu fahren. Aber vielleicht schafft er ja auch damit ein paar Kunststücke.

Im Freibad

In der großen Pause schlendern Anne, Lena und Emily über den Schulhof. Leonie schließt sich ihnen an und hört gerade noch, wie Anne fragt: „Gehen wir heute nachmittag ins Freibad?"
„Au ja!", sagt Leonie. „Ich komme mit."
Den drei andern sieht man deutlich an, dass sie davon nicht gerade begeistert sind.
„Ich weiß noch nicht, ob ich ins Freibad kann", sagt Lena und zwinkert Emily zu.
Die versteht sofort, was Lena meint, und sagt schnell: „Ich auch nicht."
Dann reden die drei über etwas anderes. Leonie geht neben ihnen her und hört zu.
Nach der Schule fragt Leonie die drei noch einmal: „Wie ist es, gehen wir nun ins Freibad?"
Anne zieht die Schultern hoch.
„Wahrscheinlich nicht", murmelt Lena.
Aber sie gehen doch.
Als Leonie kurz nach zwei ins Freibad kommt, ent-

deckt sie Lena, Anne und Emily auf der Liegewiese.
„Hallo! Ihr seid ja doch gekommen", sagt sie und legt ihre Bademarte neben die von Anne.

Anne rückt ein bisschen weg.

Leonie tut so, als hätte sie es nicht gemerkt, und fragt: „Wart ihr schon im Wasser?"

„Nö", antwortet Lena.

„Geht ihr mit rein?"

„Keine Lust", murmelt Emily.

„Ich eigentlich auch noch nicht", sagt Leonie und legt sich hin. Sie schielt zu den anderen hinüber und sieht, wie sie tuscheln.

Plötzlich springen alle drei wie auf Kommando hoch und laufen zum Schwimmbecken.

Im ersten Augenblick will Leonie hinter ihnen herlaufen. Aber dann bleibt sie doch liegen. Sie legt das Handtuch über ihren Kopf. So sieht sie wenigstens niemanden mehr. Und die anderen sollen sie auch nicht sehen.

Obwohl die Sonne brennt, friert Leonie auf einmal. Warum wollen Anne, Lena und Emily nicht mit ihr zusammen sein? Leonies Bauch tut weh, in ihrer Brust zieht etwas und sticht. Ihre Augen fangen an zu brennen.

Nachdem Leonie eine Weile so gelegen hat, wischt sie mit einem Zipfel des Handtuchs die Tränen ab. Dann

nimmt sie es vom Kopf, rollt ihre Badematte zusammen und geht.

Auf dem Weg zum Ausgang sieht sie Anne, Lena und Emily im Wasser herumtollen. Da spürt sie wieder diesen dumpfen Schmerz in Bauch und Brust.

Leonie fängt an zu laufen. Dabei rempelt sie einige Badegäste an. Aber das ist ihr völlig gleichgültig. Sie will nur noch weg. Schnell und weit weg von Anne, Lena und Emily, nur noch nach Hause.

Maximilian denkt nach

Maximilian sitzt in der Küche am Esstisch und macht Schulaufgaben.

Papa steht am Spültisch und spült Geschirr ab. „Hallo!", sagt Papa. „Du guckst schon wieder ein Loch in die Luft."

„Ich gucke kein Loch in die Luft, ich denke nach."

„Das ist gut", sagt Papa. „Worüber denkst du denn nach? Ich hoffe, über deine Aufgaben."

„Nö, die kann ich ohne Nachdenken."

„Ach so." Papa schmunzelt. „Darf ich wissen, worüber du gerade nachdenkst?"

„Johanna hat in der Schule erzählt, dass der Tobi keinen Papi hat. Aber das geht doch gar nicht."

„Warum nicht?"

„Du hast mal gesagt, nur wenn ein Mann und eine Frau sich lieben, können sie ein Kind bekommen", antwortet Maximilian.

„Hab ich das?"

„Ja!"

„So ist es normalerweise auch", sagt Papa.

„Dann muss Tobi doch einen Papi haben", sagt Maximilian.

Papa nickt. „Den hat er auch. Jeder Mensch hat einen Vater und eine Mutter. Aber nicht immer leben Vater, Mutter und Kinder zusammen."

„Warum nicht?"

„Tja, weißt du, manchmal spüren die Eltern, dass sie sich nicht mehr so lieben wie am Anfang", erklärt Papa. „Manche verstehen sich einfach nicht mehr und streiten oft. Manche lernen einen anderen Menschen kennen, den sie mehr lieben als ihren Mann oder ihre Frau."

Papa trocknet sich die Hände ab und setzt sich neben Maximilian.

Der rutscht sofort auf Papas Schoß. „Aber du liebst niemand mehr als mich und Mami?", fragt er leise.

Papa streichelt Maximilian zärtlich. „Nein, ich liebe niemand mehr als dich und Mami."

Maximilian kuschelt sich an Papa.

„Manche Paare trennen sich", sagt Papa. „Wie die Eltern von Tobi. Deswegen lebt er jetzt allein mit seiner Mutter. Trotzdem hat er natürlich einen Vater, genau wie alle Kinder."

„Aber nicht so richtig."

„Nicht so wie du und die meisten Kinder, das stimmt.

Aber manchmal ist es eben besser, wenn Eltern sich trennen …"

„Glaub ich nicht", widerspricht Maximilian.

„Überleg mal", sagt Papa. „Wenn sie sich nicht mehr mögen, wenn es dauernd Streit gibt, wenn Männer ihre Frauen und Kinder sogar verprügeln, das ist doch schlimm. Ich glaube, dann ist es besser, sie trennen sich."

„Mir tut Tobi trotzdem leid."

„Mir auch", sagt Papa.

„Kann ich ihn mal mitbringen?", fragt Maximilian.

„Das ist eine gute Idee."

Ich war's nicht!

In der kleinen Pause stößt Jonas aus Versehen Davids Mäppchen vom Tisch.

„He, spinnst du!", ruft David und tritt nach Jonas.

Jonas bückt sich nach dem Mäppchen und wirft es auf den Tisch.

„Dir knall ich gleich eine!", droht David.

Jonas sagt nichts und geht zu seinem Platz.

David wühlt in seinem Mäppchen und hält plötzlich einen Füller mit krummer Feder hoch. „Die hast du kaputt gemacht", sagt er zu Jonas. „Die bezahlst du mir!"

„Ich denke nicht daran", entgegnet Jonas. „So krumm wird eine Feder nie, wenn ein Mäppchen runterfällt."

„Woher willst du das denn wissen?", fragt Davids Freund Nenad. „Du hast das Mäppchen mit dem Füller drin auf den Boden geworfen. Ich hab's genau gesehen."

Bevor sie weiterstreiten können, kommt Herr Linke herein. „Setzt euch!"

Während der Stunde dreht sich David zweimal nach hinten, zeigt Jonas die kaputte Feder und die geballte Faust.

Nach der Stunde ist große Pause. Jonas läuft blitzschnell hinaus, rast zur Toilette und schließt sich ein. David und Nenad jagen hinterher, schlagen und treten gegen die Tür. „Mach sofort auf! Wir kriegen dich doch!"

So sehr sie auch drohen, Jonas bleibt in der Toilette. Als die Pause zu Ende ist, wartet er, bis auch die letzten Stimmen verschwunden sind. Dann öffnet er vorsichtig die Tür. Niemand ist zu sehen und Jonas läuft schnell zum Klassenzimmer. Dort hat Herr Linke schon mit dem Unterricht begonnen.

„Wo warst du denn so lange?", fragt er.

„Ich … ich … habe Durchfall", stottert Jonas.

Die Kinder kichern und tuscheln.

„Setz dich schnell hin!", sagt Herr Linke.

Das tut Jonas.

Zweimal ruft Herr Linke Jonas während der Stunde auf, zweimal gibt er keine Antwort, obwohl er im Rechnen gut ist. Herr Linke schüttelt den Kopf.

Als es zur Pause läutet, sagt er: „David, wisch bitte die Tafel sauber." Dann geht er hinaus.

David und Nenad stellen sich neben Jonas.

„Ich habe Durchfall", äfft David ihn nach. „Das ist

doch gelogen! Du hast aus lauter Angst in die Hose gemacht. Gib's zu!"

Nenad zieht die Nase hoch. „Deswegen stinkt es hier auch so."

„Los, steh auf!", befiehlt David.

Aber Jonas bleibt sitzen. „Ich hab den Füller nicht kaputt gemacht."

Da bekommt er einen Schlag auf den Arm. „Aufstehn, hab ich gesagt!"

Jonas rührt sich nicht.

Die meisten Kinder in der Klasse tun so, als ginge sie das nichts an. Einige gehen hinaus auf den Flur. Andere schauen verstohlen zu. Und ein paar Neugierige stehen hinter David und Nenad, um zu sehen, was nun passiert.

David zerrt Jonas hoch und stößt ihn nach vorn zur Tafel. „Los, wisch sie sauber! Aber blitzblank, sonst …" David tritt Jonas kräftig in den Hintern.

Während Jonas die Tafel putzt, kommt Herr Linke zurück. „Was machst denn du da? Ich habe doch gesagt, David soll die Tafel putzen." Dann sieht er Jonas verheultes Gesicht. „Warum weinst du?"

Jonas antwortet nicht.

„Ich will jetzt wissen, was hier los ist!" Herr Linke schaut David an. „Hast du ihm etwas getan?"

„Ich?" David tut ganz empört. „Überhaupt nichts

habe ich dem getan. Aber der hat meinen Füller kaputt gemacht." Er hält den Füller in die Höhe.

„Und deswegen muss er jetzt für dich die Tafel putzen, was?" Herr Linke schüttelt den Kopf. „Das ist ja unglaublich! Jonas, setz dich hin. Und du kommst nach vorne und putzt die Tafel", sagt er zu David. „Aber ganz schnell!"

Herr Linke stellt sich neben David. Er redet ziemlich laut: „Und wenn er dir zehn Füller kaputt gemacht hat, hast du nicht das Recht, über ihn zu bestimmen und ihn für dich arbeiten zu lassen. Ist das klar?"

David nickt.

„Gut", sagt Herr Linke. „Dann können wir uns jetzt über deinen kaputten Füller unterhalten."

Wichtige Fragen

Katharina kommt aus Polen und wohnt mit ihren Eltern seit einem Jahr in einer Stadt in Bayern. Anfangs hatte Katharina große Probleme, sich in Deutschland zurechtzufinden. Sie konnte nur ein paar Worte Deutsch und verstand meistens nicht, was man von ihr wollte. Die Kinder in der Schule haben sie deswegen oft ausgelacht. Und eine Freundin hatte Katharina auch lange Zeit nicht.

Das änderte sich erst, als vor etwa vier Monaten eine rumänische Familie in die Nachbarwohnung einzog. Zu dieser Familie gehörte auch die neunjährige Jana. Und die war Katharina vom ersten Augenblick an sympathisch. Da Jana recht gut deutsch sprach, gab es keine Verständigungsprobleme und die beiden Mädchen wurden schnell gute Freundinnen.

Dass es Katharina in Deutschland inzwischen besser gefällt, liegt auch an Lukas. Wenn der in ihrer Nähe ist oder wenn sie an ihn denkt, wird es Katharina richtig warm und in ihrem Bauch kribbeln mindestens tau-

send Ameisen. Manchmal ist das Kribbeln wunderschön, manchmal tut es aber auch ein wenig weh.
Über diese Gefühle muss Katharina unbedingt mit jemandem reden, sonst platzt sie noch.
„Du, Jana", fängt sie an, als sie eines Nachmittags in Janas Zimmer Musik hören.
„Was ist?", fragt Jana.
„Warst du … hast du … schon mal einen Freund gehabt?"
„Schon viele", antwortet Jana, ohne lange zu überlegen.
„Wirklich?" Katharina wundert sich. „Ich meine aber nicht so einen Freund zum Spielen, ich meine einen …" Sie stockt.
Jana guckt Katharina fragend an.
„Ich meine einen zum … zum Liebhaben", sagt Katharina so leise, dass Jana sie kaum verstehen kann.
„Du meinst zum Küssen und so?", fragt Jana und kichert.
„Ja – nein", sagt Katharina, die ganz durcheinander ist. „Du verstehst gar nichts."
„Bist du in einen verliebt?", möchte Jana wissen.
Katharina schüttelt heftig den Kopf.
„Du lügst", behauptet Jana. „Du bist verliebt. Soll ich raten, in wen?"
„Nein!"

„In Lukas."

„Sei still!", schreit Katharina und versucht Jana den Mund zuzuhalten.

Aber Jana lacht nur und stößt Katharina weg. Da hält Katharina es nicht mehr aus und läuft aus der Wohnung.

Am nächsten Morgen holt Katharina Jana nicht ab, und Jana holt Katharina nicht ab. Beide gehen den Weg zur Schule allein. Auch auf dem Schulhof macht jede einen großen Bogen um die andere. Katharina geht sogar auf die Toilette, bis es läutet.

Als sie ins Klassenzimmer kommt, ist es dort mucksmäuschenstill, obwohl Frau Biller noch nicht da ist.

„Schau mal zur Tafel!", ruft jemand.

Katharina dreht den Kopf und liest: *Katharina liebt Lukas.*

Einen Augenblick steht sie stocksteif an der Tür und starrt wie gebannt auf die drei Worte in dem Herzen. Dann läuft sie zur Tafel und verwischt die Namen und das Herz mit der Hand. Gleichzeitig beginnen die ersten Kinder zu tuscheln und zu kichern.

Katharina dreht sich blitzschnell um und sucht Janas Augen.

Jana sieht nicht weg, sie ist auch überhaupt nicht verlegen. Im Gegenteil, sie grinst Katharina schadenfroh an. Dann sagt sie zu den anderen: „Katharina ist verliehiebt, Katharina ist verliehiebt!" Und alle stimmen mit ein.

„Du bist ganz gemein!", schreit Katharina Jana an und läuft zur Tür – Frau Biller genau in die Arme.

„Hoppla!", sagt Frau Biller. „Wo willst du denn hin?"

„Weg", sagt Katharina und will an Frau Biller vorbei.

„Halt, halt!" Frau Biller hält Katharina am Arm fest. „Du kannst nicht einfach weglaufen. Wir haben jetzt Unterricht. Setz dich bitte an deinen Platz. Eure Streitigkeiten könnt ihr meinetwegen in der Pause austragen."

Katharina trottet zu ihrem Platz und lässt sich auf ihren Stuhl fallen. Warum hat Jana das getan?, fragt sie sich. Aber sie findet keine Antwort.

Ein Versuch

Anne sitzt in ihrem Zimmer und malt. Plötzlich hört sie Stimmen. Laute Stimmen. Sie lauscht. Papa und Mama streiten. Anne steht auf und schleicht zur Wohnzimmertür.

„Jeden Tag ist es das Gleiche", hört sie Mama sagen. „Du kommst schlecht gelaunt aus dem Büro, und wir müssen deine Laune dann ausbaden."

„Das stimmt doch gar nicht", widerspricht Papa. „Aber kaum öffne ich die Tür, da werde ich schon von allen Seiten bestürmt!"

„Lea wollte dir doch nur etwas zeigen. Aber du …"

Da stößt Anne die Tür auf und ruft: „Ihr sollt nicht streiten! Immer streitet ihr. Es ist gar nicht mehr schön bei uns."

Papa und Mama schauen Anne überrascht an. Dann sagt Papa: „Was redest du denn da?"

„Ich sage nur, was stimmt."

„Das verstehst du doch gar nicht", behauptet Papa. „Dafür bist du noch viel zu klein."

„Bin ich nicht!", widerspricht Anne energisch.

„Anne hat recht", unterstützt Lea ihre Schwester. „Ihr streitet in letzter Zeit wirklich oft."

„Ihr zwei solltet lieber ruhig sein", sagt Papa. „Ihr streitet doch den ganzen Tag!"

„Stimmt ja gar nicht", wehrt sich Lea. „Wir sind nur manchmal nicht der gleichen Meinung."

Jetzt muss Mama lächeln.

Papa brummt: „So kann man es natürlich auch nennen. Dann sind Mama und ich manchmal eben auch nicht der gleichen Meinung. Genau wie ihr."

„Wenn es so wäre, könnte man ja darüber reden", meint Mama. „Meinetwegen auch streiten. Aber so ist es bei uns leider nicht."

„So?", fragt Papa. „Und wie ist es bei uns, wenn ich fragen darf?"

Mama scheint zu überlegen, ob sie antworten soll. Anne setzt sich neben Lea aufs Sofa. Papa sieht Mama aufmerksam an.

„Das weißt du doch genau", beginnt Mama. „Wenn du aus dem Büro kommst, gehst du wegen jeder Kleinigkeit an die Decke."

„Na, hör mal!" Papa ist entrüstet.

„Ich weiß ja, dass du im Büro viel um die Ohren hast …"

Papa nickt heftig. „Das kann man wohl sagen. Und

am schlimmsten ist der neue Chef. Hat keine Ahnung von nichts, weiß aber alles besser."

„Warum sagst du ihm dann nicht, dass er keine Ahnung hat?", fragt Anne.

„Oh, Kind", sagt Papa und schüttelt den Kopf. „Ich kann doch meinem Chef nicht sagen, dass er keine Ahnung hat."

„Aber wenn es stimmt!" So schnell lässt Anne nicht locker.

„Auch dann nicht. Der würde mich ja sofort entlassen."

„Hm", macht Anne und überlegt. „Dann arbeitest du eben in einem anderen Büro."

„So einfach geht das leider nicht", antwortet Papa.

„Jetzt verstehe ich", sagt Lea. „Du ärgerst dich über deinen Chef. Aber du kannst nichts dagegen tun. Deswegen bringst du den Ärger mit nach Hause."

„Ich …" Papa stockt, denn jetzt muss er genau überlegen, was er sagen soll.

Während er überlegt, macht Anne einen Vorschlag: „Du musst den Ärger bloß im Büro lassen."

Papa schüttelt den Kopf. „Du stellst dir alles so einfach vor. Ärger kann man nicht im Büro lassen wie einen Arbeitsmantel. Der steckt hier drin." Papa klopft sich gegen die Brust.

„Dann musst du ihn rauslassen", meint Anne.

„Aber nicht bei uns", sagt Lea. „Das ist nämlich nicht richtig!"

„Das weiß ich auch", sagt Papa. „Nur – wo soll ich ihn rauslassen und wie?"

„Wenn ich mich über etwas ärgere, jogge ich eine Runde", sagt Lea. „Dann geht's mir meistens besser."

„Hm", macht Papa. „Probieren könnte ich das ja mal."

Mama grinst.

„Und deinem Bäuchlein würde das auch nicht schaden." Sofort zieht Papa den Bauch ein. Da müssen alle lachen.

Das Allerwichtigste

Bei Maiers im Bad tropft ein Wasserhahn. Weil Papa Maier und Mama Maier nur linke Hände haben, wird Nachbar Jochen gerufen. Er ist der beste Freund der Maiers. Ohne ihn wären sie bestimmt schon zehnmal ertrunken, erfroren, verhungert und verdurstet. Bisher hat Jochen sie jedes Mal davor gerettet. Denn Jochen kann alles, jedenfalls alles, was bei Maiers zu machen ist.

„Das werden wir gleich haben", sagt Jochen und schraubt das obere Stück vom Wasserhahn ab.

Papa, Mama und Marie schauen ihm staunend zu.

„Halt mal schnell", sagt Jochen und drückt Papa eine Zange in die Hand.

Während Jochen die Dichtung auswechselt, fragt Marie: „Jochen, warum hast du denn keine Frau? Bist du … Jetzt fällt mir das doofe Wort nicht ein. Es heißt etwas mit ho."

„Meinst du homosexuell?", fragt Jochen.

In diesem Augenblick rutscht Papa die Zange aus der

Hand und knallt genau auf seinen großen Zeh. „Au! Au! Au!", jammert Papa.

„Schnell unters kalte Wasser damit", sagt Jochen.

„Bist du nun homosex … oder wie das Wort heißt?"

„Ja, ich bin homosexuell."

„Stimmt es, dass du nur Männer magst und Frauen nicht?"

„Wer hat dir denn das erzählt?", fragt Jochen.

„Dominik."

„Das hab ich mir fast gedacht", sagt Jochen. „Keine Ahnung, aber dumm rumquatschen!"

„Mann, der Zeh tut verdammt weh!", jammert Papa. Doch sein oller Zeh interessiert jetzt keinen Menschen.

„Es gibt viele Männer, die ich nicht ausstehen kann", sagt Jochen. „Und es gibt viele Frauen, die ich mag. Deine Mama mag ich zum Beispiel. Wir verstehen uns prima. Aber ich möchte nicht mit ihr zusammenleben."

„Kannst du auch nicht", sagt Marie. „Sie hat ja schon Papa."

„Auch wenn sie den nicht hätte und allein wäre, möchte ich nicht mit ihr zusammenleben."

„Warum nicht?", will Marie wissen.

„Warum das so ist, weiß ich nicht", antwortet Jochen. „Bei mir ist es einfach so."

„Warum magst du kein Eis?", fragt Mama Marie. Marie zieht die Schultern hoch. „Weil ich keins mag."
Die Mutter lächelt. „Die meisten Kinder mögen Eis, aber du magst eben keins. Ist das etwa schlimm?"
„Nein!", ruft Marie.
„Die meisten Menschen sind Rechtshänder, ich bin Linkshänderin. Bin ich deswegen vielleicht nicht normal?", fragt Mama.
„Überhaupt nicht!"
„Die meisten Männer leben mit Frauen zusammen", sagt Jochen. „Ich lebe mit meinem Freund zusammen. Schadet das jemandem?"
Marie schüttelt den Kopf.
„Uns gefällt es so und wir sind glücklich miteinander. Genau wie andere Männer, die mit Männern zusammenleben. Und wie Frauen, die mit Frauen zusammenleben." Jochen schraubt den Wasserhahn wieder zusammen. „Leider denken viele Menschen, nur so, wie sie selbst leben, sei es richtig." Er guckt Marie an. „Ich freue mich, dass sich deine Mama und dein Papa lieben, auch wenn ich nicht so leben möchte wie sie."
„Und wir freuen uns, dass du mit deinem Freund glücklich bist", sagt Mama. „Das ist doch das Wichtigste."
„Und mein kaputter Zeh?", fragt Papa. „Der ist wohl gar nicht wichtig, was?"

„Aber natürlich, mein Schatz", sagt Mama. „Der ist auch wichtig. Gleich schmieren wir eine schöne Salbe drauf."

„Jaja, mach dich nur lustig über mich." Papa tut beleidigt.

Mama gibt ihm einen Kuss.

„Schon besser", sagt Papa und grinst. „Bitte noch mal!"

Jochen dreht den Wasserhahn auf und zu. „Aber das Allerwichtigste ist, dass der Wasserhahn nicht mehr tropft. Hab ich recht?"

Alle drei Maiers nicken und lächeln.

Bibliografische Information der Deutschen Nationalbibliothek
Die Deutsche Nationalbibliothek verzeichnet diese Publikation in
der Deutschen Nationalbibliografie; detaillierte bibliografische Daten
sind im Internet über http://d-nb.ddb.de abrufbar.

© Sauerländer 2011
Bibliographisches Institut GmbH
Dudenstraße 6, 68167 Mannheim
Alle Rechte vorbehalten.
Umschlaggestaltung: h.o. pinxit, Basel
unter Verwendung von Illustrationen von Marion Elitez
Layout und Satz: two-up, Sibylle in der Schmitten, Meerbusch
Druck: Sachsendruck Plauen GmbH, Paul-Schneider-Straße 12, 08525 Plauen
ISBN 978-3-7941-7314-3
www.sauerlaender.de